Zeit für ADVENTSKALENDERGESCHICHTEN

Im Advent versammeln sich in Schweden täglich viele Familien vor dem Radio oder dem Fernsehgerät. Gespannt warten sie auf die Ausstrahlung des *Julkalenders*. Schon seit über 60 Jahren senden das schwedische Fernsehen und Radio jeden Dezember eine neue 24-teilige Adventskalenderserie. Bis 1973 lief sie parallel in Radio und TV, seitdem gibt es jedes Jahr eine andere, angepasst an das jeweilige Medium.

Die Fernsehepisoden werden dreimal täglich barrierefrei ausgestrahlt: Ob mit Untertiteln, in Gebärdensprache oder als Hörfilm für blinde und sehbehinderte Menschen – der *Julkalender* erreicht ganz Schweden.

Rezept

KNUSPRIGE HAFERFLOCKENKEKSE IM HANDUMDREHEN

ZUTATEN:
350 g Haferflocken, 150 g Zucker, 150 g Butter, optional: 1 TL Zimt oder 1 EL Schokotropfen

ZUBEREITUNG:
In einer Rührschüssel Haferflocken mit Zucker mischen, während die Butter im Topf schmilzt. Die heiße Butter unter die Haferflocken-Zucker-Mischung rühren. Nach Wunsch noch 1 TL Zimt oder 1 EL Schokotropfen dazugeben. Den Teig mit einem Löffel in kleine Papierförmchen füllen oder direkt auf das Backpapier geben. Die Haferflockenkekse im vorgeheizten Backofen bei 175 Grad Umluft für 10 Minuten auf mittlerer Schiene backen.
Im Nu können Sie Ihren Gästen so ein köstliches, typisch schwedisches Gebäck anbieten.

Gemütliche Hüttenübernachtung inklusive

Wenn die Landschaft mit Schnee bedeckt ist, packen viele Schwedinnen und Schweden ihre Schlafsäcke und etwas Proviant in den Rucksack, schnallen sich die Skier unter die Füße und sausen los durch die weiße Winterwelt. Ihre Skitouren führen sie durch Wälder, über Hügel und vorbei an zugefrorenen Seen. Kurz bevor die Sonne untergeht, sollten sie an einer der unzähligen *Fjällhütten* angekommen sein. Diese Wanderhütten für Selbstversorger gibt es in ganz Schweden, viele davon in abgelegenen Gebieten. Darin kann man für wenig Geld übernachten und den Tag gemütlich am Holzofen ausklingen lassen.

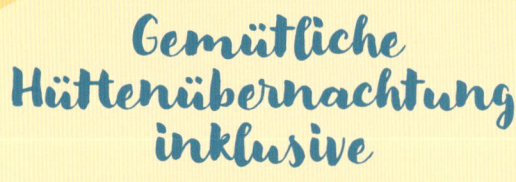

4
Weihnachtlicher Klassiker
MAL ANDERS

Rezept

Vegetarische Alternative für das Julbord: Curry-Mango-Salat

ZUTATEN:
100 ml Essig, 200 g Zucker, 300 ml Wasser, 5 Körner Piment, ½ Aubergine, ½ rote Zwiebel, 150 ml Mango-Curry-Sauce (gibt es von verschiedenen Herstellern), 120 g Crème fraîche, schwarzer Pfeffer, Kräutersalz

ZUBEREITUNG:
Essig, Zucker, Wasser und Piment-Körner aufkochen. Die Aubergine in 1,5 cm große Würfel und die Zwiebel in dünne Scheiben schneiden. Aubergine und Zwiebel in Schichten stapeln und in der Essig-Flüssigkeit über Nacht marinieren. Die Mango-Curry-Sauce mit der Crème fraîche verrühren. Zwiebeln und Auberginen abtropfen lassen und unter die Sauce mischen. Mit Kräutersalz und Pfeffer abschmecken. Schmeckt besonders köstlich auf frisch gebackenem Brot oder zu knackig-grünem Salat.

JULBELYSNING BRINGT LICHT UND WÄRME

Die schwedischen Winter sind kalt und dunkel, wobei es große Unterschiede zwischen dem Norden und dem Süden gibt: Am Polarkreis kann es an Weihnachten bis zu minus 20 Grad kalt werden, während es im Süden mit Temperaturen um 0 Grad vergleichsweise mild ist. Zur Wintersonnenwende (21./22. Dezember) geht die Sonne in Nordschweden nicht einmal auf. In Malmö dagegen gibt es immerhin sieben Stunden Tageslicht.

Bevor es Elektrizität gab, stellten die Menschen im Winter Kerzen oder Laternen in ihre Fenster, um sich auf dem Heimweg orientieren zu können. Heute lässt man in Schweden die *Julbelysning* (Weihnachtsbeleuchtung) oft bis in den März an den Häusern und im Garten hängen – bis es endlich heller wird.

Von Tomte zu Jultomte

Tomte, der Haus- und Hofwichtel, wacht über Menschen und Tiere, die auf einem Hof beziehungsweise in einem Haus leben. Davon erzählen sich die Menschen seit Jahrhunderten, und auch Astrid Lindgren schrieb über ihn. Wer *Tomtes* Unmut auf sich zieht, der muss damit rechnen, von ihm geärgert zu werden.

Was bei uns der Weihnachtsmann ist, ist in Schweden der *Jultomte*, der Weihnachtswichtel. Vor etwa 150 Jahren illustrierte die schwedische Künstlerin Jenny Nyström (1854–1946) eine Figur, die sowohl an den heiligen Nikolaus als auch an den klassischen *Tomte* erinnert: Der *Jultomte* war geboren, der am 24. Dezember die Geschenke bringt. Wer Post von ihm bekommen möchte, schreibt an Tomten 173 Tomteboda – Sverige.

Köstlicher Safranschnecken-Kuchen

ZUTATEN:
für den Teig: 150 g Butter, 500 ml Milch, 50 g Hefe, 100 g Zucker, ½ TL Salz, 5 Fäden Safran, 850 g Mehl
für die Füllung: 100 g Honig, 50 g Haselnüsse (gehackt), 50 g Rosinen, 100 g Butter

ZUBEREITUNG:
Die Butter vorsichtig schmelzen und die Milch hinzugeben. Nun die Hefe in einem Teil der körperwarmen Flüssigkeit auflösen, die andere Hälfte der Flüssigkeit mit den restlichen Zutaten für den Teig gut verkneten. Den Teig an einem warmen Ort ca. 30 Min. gehen lassen und zu einem Rechteck ausrollen. Das Rechteck mit Honig bestreichen, Haselnüsse, Rosinen und Butter in Flocken darüber verteilen. Den Teig aufrollen und in 10 breite Scheiben schneiden. Die Schnecken eng nebeneinander in eine gefettete Springform legen, ca. 30 Min. gehen lassen. Backofen auf 180 Grad (Umluft: 160 Grad) vorheizen, ca. 25 Min. backen. Am besten warm servieren!

Von Schlangestehen und Nummernziehen

Wer in den Wochen vor Weihnachten Einkaufen geht und Erledigungen macht, kennt das: überall unruhiges Gedrängel und Menschentrauben. In Schweden ist das geordneter: Ohne zu murren stellen sich die Menschen geduldig in eine Schlange. In vielen Geschäften gibt es kleine rote Plastikkästen, aus denen man einen *Nummerlapp* beziehungsweise *Kölapp*, also eine Wartenummer zieht. Mancherorts gibt es sogar Automaten, die die geschätzte Wartezeit angeben. So kommt bei den Weihnachtseinkäufen eine festlich-entspannte Stimmung auf! Doch Vorsicht: Verliert man seine Nummer oder übersieht, dass eine gezogen werden muss, hat man Pech und wird nicht bedient.

9
Der Julbock als weihnachtliches Symbol

Ein ganz besonderer Ziegenbock

Der *Julbock* ist heute ein aus Stroh geflochtener Ziegenbock. Man sagt, dass sich die Tradition des weihnachtlichen Ziegenbocks bis ins 17. Jahrhundert zurückverfolgen lässt. Ursprünglich handelte es sich dabei um ein Tieropfer, das eine gute Ernte im nächsten Jahr garantieren sollte. Mit den Jahren wandelte sich die Tradition und der *Julbock* entwickelte sich zu einem weihnachtlichen Symbol. Erst seit dem 19. Jahrhundert wird er in der uns heute bekannten Form aus Stroh gefertigt und als Weihnachtsdekoration verwendet. Er gilt als Glücksbringer für das kommende Jahr. In manchen schwedischen Städten werden zur Weihnachtszeit sogar große *Julbock*-Statuen auf belebten Plätzen aufgestellt.

Weihnachtszeit ist Reisezeit

Einige Wochen vor Weihnachten beginnt in schwedischen Familien das große Planen. Bahn- und Flugtickets werden gebucht und regelrechte Zeitpläne für Weihnachtsbesuche erstellt. An den Feiertagen legen viele Schweden unzählige Kilometer zurück: 1.500 Kilometer ist man vom Norden bis in den Süden unterwegs. Von Osten nach Westen sind es hingegen nur etwa 200 Kilometer. Die Straßen sind zwischen Heiligabend und Silvester überdurchschnittlich viel befahren. Kein Wunder: Im heutigen Schweden gibt es bunte Familienkonstellationen und nicht selten Kinder aus alten und neuen Ehen, neu hinzugekommene Verwandte usw., die alle natürlich in die Feierlichkeiten einbezogen werden.

Pepparkakor –
Die weihnachtlichen Gewürzkekse

ZUTATEN:

100 g weiche Butter, 250 g brauner Zucker, 100 ml dunkler (Rüben-)Sirup, 50 ml Milch, 50 ml Schlagsahne, 2 TL gemahlener Ingwer, 2 TL gemahlener Zimt, 2 TL gemahlene Nelken, 510 g Mehl, 2 TL Natron

ZUBEREITUNG:

Butter, Zucker und Sirup schaumig schlagen. Milch, Sahne und Gewürze hinzugeben. Mehl mit Backpulver mischen und die Masse gut unterrühren. Den Teig über Nacht ruhen lassen. Teig ca. ½ cm dick ausrollen und mit Förmchen ausstechen. Im vorgeheizten Backofen bei 175 Grad (Umluft) ca. 8 Minuten backen. Wird in die Pfefferkuchen vor dem Backen ein kleines Loch gedrückt, können sie mit einem roten Band versehen zu einem schönen Baumschmuck werden.

Frisch gebrühter Kaffee zu jeder Zeit

Die Schwedinnen und Schweden trinken so gern Kaffee! Man sagt, dass sie beim Kaffeetrinken zu den weltweiten Spitzenreitern zählen. Besonders beliebt ist die gemeinsame Kaffeepause, die *Fika*. Die Tageszeit spielt dabei keine Rolle. Wer am Abend jemanden besucht, darf selbstverständlich damit rechnen, eine köstliche Tasse heißen Kaffee und dazu eine süße Leckerei wie eine *Kanelbulle* (Zimtschnecke) oder einen *Pepparkakor* (Pfefferkuchen) gereicht zu bekommen. Kann es an einem eisig kalten, dunklen Dezemberabend etwas Schöneres geben? Wer in einem schwedischen Café einen Kaffee bestellt, bekommt übrigens meist eine leere Tasse in die Hand gedrückt. Neben einem Schild mit der Aufschrift *Påtår ingår* steht dann eine gefüllte Kaffeekanne zum Selbstein- und Nachschenken.

Die heilige Lucia
kommt im Dezemberdunkel

Der Lucia-Tag geht auf die heilige Lucia von Syrakus zurück. Sie war eine Märtyrerin, die im 4. Jahrhundert verfolgte Christen mit Essen und Trinken versorgte. Am 13. Dezember, dem kürzesten Tag des Jahres nach dem Julianischen Kalender, ziehen in ganz Schweden Lucia-Prozessionen durch die Straßen. Meist stimmt die Bevölkerung darüber ab, wer sie als Lucia mit dem Kerzenkranz auf dem Kopf anführen soll. Die Prozessionen werden im nationalen Fernsehen in die Schulen, Kindergärten, Pflegeheime, Büros usw. übertragen. Auf den verschiedenen Videoplattformen lassen sich unter dem Stichwort „Lucia-Prozession" viele Aufzeichnungen finden.

Rezept

Knäck – Das traditionelle schwedische Weihnachtskaramell

ZUTATEN:

200 g Zucker, 250 g heller Rübensirup, 200 g Sahne, 1 Prise Salz, 50 g gehackte Mandeln

ZUBEREITUNG:

Zucker, Sirup, Sahne und Salz in einer Pfanne verrühren und bei mittlerer Hitze etwa 20 Minuten köcheln lassen. Regelmäßig umrühren. Eine Probe nehmen, ob die Masse bereit ist, zu Bonbons gegossen zu werden: einen Teelöffel abnehmen und in kaltes Wasser geben. Lässt sich mit den Fingern eine Kugel formen? Dann können die Mandeln in die Pfanne gegeben und untergerührt werden. Die Masse anschließend in eine Pralinenform aus Silikon füllen. Achtung, sehr heiß! Die abgekühlten Bonbons können – mit Lagen aus Butterbrotpapier dazwischen – in einer Metalldose aufbewahrt werden oder – in fettbeständiges Papier gewickelt – verschenkt werden.

HUNDERTTAUSENDE ELCHE DURCHWANDERN SCHWEDEN

Denken wir an Schweden, fallen uns Elche ein. Den nach Schweden reisenden Deutschen sagt man eine besondere Elchliebe nach, die sich in Aufklebern auf Wohnwagen und Autos ausdrückt. Viele Schweden schütteln darüber aus guten Gründen nur den Kopf: Die etwa 400.000 schwedischen Elche durchstreifen allein oder in kleinen Familien auf der Suche nach frischen Trieben und Knospen die Wälder – oder auch mal nach Äpfeln die Gärten der Bauern – und kreuzen dabei die Straßen. Das wird leider häufig gefährlich. Es kommt jedes Jahr zu vielen Unfällen mit Elchen, die auf die Straße laufen und einfach stehen bleiben. Weit weniger gefährlich ist der Besuch eines Elch-Parks, in dem man die Riesen bestaunen und manchmal sogar streicheln kann.

Von idealen Vorstellungen
und großen Erwartungen

Die Erwartungen an Weihnachten sind auch in den schwedischen Familien hoch und die Vorstellungen kreisen um Harmonie und Perfektion: eine verschneite Landschaft, gelungenes Essen, perfekt ausgewählte Geschenke, gute Laune bei allen, ein wunderschön geschmücktes Haus mit Kerzen und Lichtern, der strahlende Nordstern am Himmel …

In der Realität kommt es oft ganz anders: Der Weihnachtsschinken ist zäh, die Geschwister streiten, es regnet, die Lichterkette hat einen Kurzschluss und die Hälfte der Geschenke muss umgetauscht werden. – Trotzdem kann es das perfekte Weihnachten werden, wenn alle am Ende darüber lachen können und froh sind, einander zu haben.

★ Rezept

EINE KÖSTLICHE BEILAGE: DER RÖDBETSSALLAD

ZUTATEN:
1 Apfel, ½ Zwiebel, 4 mittelgroße, vorgekochte Rote Beten, 120 g saure Sahne, 2 EL Weißweinessig, 1 EL Zucker, 1 TL Salz, Pfeffer

ZUBEREITUNG:
Den Apfel schälen und würfeln, die Zwiebel fein hacken und die Rote-Bete-Kugeln würfeln. Dann alles in einer großen Schüssel vermischen. In einer zweiten Schüssel die saure Sahne mit Essig, Zucker, Salz und Pfeffer verrühren und abschmecken. Die Saure-Sahne-Mischung über die Rote-Bete-Mischung geben und gut verrühren. Abgedeckt im Kühlschrank mindestens eine Stunde oder über Nacht ziehen lassen.

Der fruchtige Rote-Bete-Salat schmeckt wunderbar zu Kartoffeln, Brot oder grünem Salat.

Eine beliebte Geschenketradition

Schon seit dem 18. Jahrhundert, sagt man, gibt es die Tradition, dass an Heiligabend unerkannt kleine Geschenke verteilt werden. Manches kommt sogar durch das offene Fenster geflogen oder wird durch die Tür ins feierlich geschmückte Weihnachtszimmer geworfen. Allen Geschenken ist gemein, dass sie von einem *Julklappsrim* begleitet werden: Auf einem beiliegenden Kärtchen hat der Absender ein kleines Gedicht notiert, in dem es Hinweise auf das Geschenk gibt und in dem die beschenkte Person liebevoll geneckt wird.

Julklapp wird auch die beliebte Wichteltradition im Freundes- oder Kollegenkreis genannt. Dabei dürfen die beliebten Reime natürlich nicht fehlen.

Gute Wünsche
iM DEZEMBER

Das Jahresende ist die Zeit der guten Wünsche: Das klassische *God Jul!* (Frohe Weihnachten!) sagt man zwischen dem 1. Advent und Heiligabend, wenn man jemanden vor Weihnachten nicht wiedersieht. *God fortsättning!* (Gute Fortsetzung!) wünscht man sich zwischen Heiligabend und Silvester und meint damit etwa „Schöne Restweihnachten!".

Gott Nytt År! (Frohes neues Jahr!) wünscht man im Dezember, wenn es kein Wiedersehen im alten Jahr gibt. An den letzten Tagen des Jahres heißt es *Gott slut!*, ein gutes Jahresende. Am 1. Januar wechselt man wieder auf *Gott Nytt År!*, bevor es für ein paar Tage wieder *God fortsättning!* heißt. Nicht so einfach, da nicht durcheinanderzukommen.

Saftiger Kuchen mit scharf-süß-sauren Aromen

ZUTATEN:
150 g weiche Butter, 200 g Zucker, 3 Eier, 1 mittelgroßer Bio-Apfel, 1 Bio-Zitrone, 2-3 TL kandierter Ingwer, 180 g Mehl, 2 TL Backpulver

ZUBEREITUNG:
Butter und Zucker schaumig schlagen und die Eier nacheinander unterrühren. Den Apfel ungeschält reiben, die Zitronenschale reiben und den Saft auspressen. Alles zur Masse geben und mischen. Den kandierten Ingwer hacken und mit dem Mehl sowie dem Backpulver vermengen. Die Mehlmischung und die feuchte Masse gut miteinander verrühren und in eine Gugelhupfform füllen. Im vorheizten Backofen bei 175 Grad Umluft 45 Min. backen. Zu dem fruchtigen Kuchen schmeckt ein Löffel geschlagene Sahne mit Vanillezucker besonders gut.

Schon einen Tag vor Heiligabend wird losgefeiert!

Der 23. Dezember wird in Schweden *Lilla julafton* genannt – kleiner Weihnachtsabend. In anderen skandinavischen Ländern wird er schon am 6. Dezember, am Vorabend des ersten Advents, am Lucia-Tag oder am Thomas-Tag (21.12.) gefeiert.
Manche nutzen den *Lilla julafton* für Weihnachtserledigungen und -vorbereitungen, um Geschenke zu verpacken, das Weihnachtsessen für das *Julbord* zu kochen oder zu backen oder um alles weihnachtlich zu schmücken. Andere nutzen den Tag, um Heiligabend mit einem Teil der Familie vorzufeiern, den sie am „richtigen" Heiligabend nicht sehen. Dann werden natürlich Geschenke ausgetauscht. Es gibt köstliches Essen, weihnachtliche Musik und eben alles, was zum Heiligabend dazugehört.

DER RISGRYNSGRÖT AM HEILIGABEND

ZUTATEN:
1 l Milch, 75 g Zucker, 25 g Butter, 1 Vanilleschote, 1 Prise Salz, 150 g Rundkornreis, 1 Mandel

ZUBEREITUNG:
Zucker, Butter, Mark der Vanilleschote und Salz in der Milch verrühren und aufkochen. Reichlich Wasser in einem Topf zum Kochen bringen, Reis hineingeben, 10 Min. köcheln lassen und durch ein feines Sieb abgießen. Reis in die köchelnde Milch geben, weitere 5 Min. kochen lassen und dann bei schwacher Hitze mit Deckel 30 Min. quellen lassen. Eine Mandel unterrühren und in einer großen Schüssel servieren. Wer die Mandel in seinem Schüsselchen entdeckt, den erwartet im nächsten Jahr viel Glück! Für den *Tomte* wird traditionellerweise auch eine kleine Portion *Risgrynsgröt* bereitgestellt, damit er „seiner Familie" wohlgesonnen bleibt.

DAS OFFIZIELLE
Abschmücken

Am 13. Januar findet die schwedische Tradition der *Julgransplundring* (Weihnachtsbaumplünderung) statt. Sie markiert das Ende der Weihnachtszeit. An diesem Tag wird der Weihnachtsbaum während eines Festes mit der ganzen Familie abgeschmückt und entsorgt. Vor allem die Kinder sind begeistert dabei, wenn es darum geht, die letzten Weihnachtsleckereien und Süßigkeiten vom Baum zu pflücken und zu genießen. Dabei tanzen sie noch ein letztes Mal singend um den Weihnachtsbaum. Diese Tradition ist eine unterhaltsame und fröhliche Art, die Weihnachtszeit zu verabschieden, und gleichzeitig eine Gelegenheit, um noch einmal zusammenzukommen und Zeit miteinander zu verbringen.

Zeitvertreib bis zur Bescherung

Nicht nur für Kinder kann sich der 24. Dezember ewig lang anfühlen, bis es endlich Abend wird und die Zeit für das große gemeinsame Essen und die Bescherung kommt. In Schweden gibt es einige schöne Traditionen, um diese zähen Stunden zu überbrücken: In vielen Haushalten treffen sich Verwandte und Freunde mittags zum *Dopp i grytan* (Eintauchen in den Topf). Das ist eine kleine Mahlzeit, bei der frisch gebackenes Brot in den Sud des Weihnachtsbratens getunkt wird. Um 15 Uhr sitzt dann das ganze Land vor dem Fernseher und schaut eine Stunde lang *Kalle Anka och hans vänner önskar God Jul* (Donald Duck und seine Freunde wünschen frohe Weihnachten). Die Sendung flimmert seit 1959 über die Mattscheibe. In diesem Sinne: *God Jul!*